LES AÉROSTATS

ET LA

TRAVERSÉE DE L'AFRIQUE AUSTRALE

PAR

Léo DEX-DEBURAUX
ANCIEN ÉLÈVE DE L'ÉCOLE POLYTECHNIQUE

Maurice DIBOS
INGÉNIEUR

ANNEXE DE L'OUVRAGE :

Les Aérostats et l'Exploration du Continent africain.

PARIS

LIBRAIRIE MILITAIRE DE L. BAUDOIN

IMPRIMEUR-ÉDITEUR

30, Rue et Passage Dauphine, 30

—

1894

VOYAGES AÉRIENS AU LONG COURS

LES AÉROSTATS

ET LA

TRAVERSÉE DE L'AFRIQUE AUSTRALE

PAR

Léo DEX DEBURAUX
ANCIEN ÉLÈVE DE L'ÉCOLE POLYTECHNIQUE

Maurice DIBOS
INGÉNIEUR

ANNEXE DE L'OUVRAGE :

Les Aérostats et l'Exploration du Continent africain.

PARIS

LIBRAIRIE MILITAIRE DE L. BAUDOIN
IMPRIMEUR-ÉDITEUR
30, Rue et Passage Dauphine, 30

1894

LES AÉROSTATS

ET

LA TRAVERSÉE DE L'AFRIQUE AUSTRALE

EXPOSÉ.

Grâce à l'application raisonnée d'un système de navigation déjà
pratiqué maintes fois par les aéronautes depuis un quart de siècle,
un ballon de volume moyen peut, sans avoir besoin d'être regonflé,
se soutenir assez longtemps en l'air pour permettre d'accomplir à
son bord des voyages au long cours [1]. Par l'utilisation des vents généraux soufflant régulièrement et avec une constance presque abso-
lue à la surface du continent africain, des aérostats longs courriers
pourraient être employés à l'exploration du Sahara, du Soudan et
aussi de l'île de Madagascar [2]. Par l'utilisation des vents généraux
d'Europe, ils pourraient, sans même user de cet artifice de navigation rendu inutile par la faiblesse des distances à parcourir, servir
à l'établissement de relations par voie aérienne entre les frontières
russes et françaises [3]. Tels sont les services les plus importants que

[1] Voir : *De la possibilité des voyages aériens au long cours.* E. Deburaux, lieutenant
à la 1re compagnie d aérostiers, 1891.
[2] Voir : *Les Aérostats et l'Exploration du continent africain.* L. Dex-Deburaux et
M. Dibos, 1892.
[3] Voir : *Les communications entre la France et la Russie en cas de guerre euro-
péenne.* E. Deburaux, capitaine du génie, 1894.

les aérostats longs courriers sont capables de rendre à la France, en temps de paix en servant à parachever l'exploration de son empire africain, en temps de guerre en assurant la liberté de ses communications avec la Russie.

En nous plaçant à un point de vue plus général, en ce qui a trait aux intérêts de la science, nous avons déjà montré[1] comment leur utilisation pourrait permettre de parcourir les régions équatoriales du continent africain non comprises dans la zone d'influence française; mais à cette dernière exploration ne se borne pas leur rôle international, et, parmi les puissances amies, parmi celles qu'une communauté d'origine lie d'une affection plus étroite à notre patrie, il en est une, fière de son beau titre d'ancien pionnier de la civilisation, qui pourrait retirer des avantages incontestables de l'utilisation d'aérostats longs courriers employés à établir des communications rapides entre deux de ses colonies les plus importantes : le Mozambique et l'Angola, et à explorer les contrées encore peu connues de cette Afrique australe soumise en majeure partie à son influence.

Le ballon de 14 mètres de rayon dont la constitution et le mode de navigation ont été étudiés en détail dans l'ouvrage : *Les Aérostats et l'Exploration du continent africain*, déjà cité, étant capable de se soutenir 68 jours en l'air en naviguant au guide-rope, pourrait être utilisé pour effectuer des traversées aériennes de plusieurs milliers de lieues au-dessus de toute contrée remplissant les trois conditions suivantes[2] :

1° La direction du voyage sera celle vers laquelle portent les vents régnants des régions traversées, ces vents de directions peu variables (45° au maximum) soufflent au moins trois jours sur quatre avec une vitesse moyenne de 30 à 35 kilomètres à l'heure;

2° Les contrées parcourues posséderont une nature de sol ou de végétation permettant à l'ancre de l'aérostat de mordre facilement;

3° Les surcharges maxima imposées au ballon par les influences extérieures ne dépasseront, dans aucun cas, les surcharges dues au brouillard ou à la pluie.

Nous avons montré[2] comment un ballon de 14 mètres de rayon, naviguant au guide-rope, c'est-à-dire en laissant reposer à terre des

---

[1] Voir : *Les Aérostats et l'Exploration du continent africain.*

[2] Voir : Conclusion du chapitre Iᵉʳ de la 1ʳᵉ partie de l'ouvrage *Les Aérostats et l'Exploration du continent africain*, page 63.

câbles d'une longueur moyenne de 300 mètres, marchant par les vents portant dans la direction générale de son voyage et jetant l'ancre par les vents contraires, pourrait franchir dans une direction donnée plus de 10,000 kilomètres. La largeur maxima de l'Afrique australe anglo-portugaise étant très inférieure à cette dernière distance, sa traversée par un aérostat, semblable à celui dont l'étude a été faite dans l'ouvrage précédemment cité, est possible si les contrées comprises entre la côte du Mozambique et celle de l'Angola remplissent les trois conditions ci-dessus énoncées.

L'étude générale de la constitution géologique et de la météorologie de ces pays au moyen des renseignements fournis par les postes qui y sont établis et par les voyageurs qui les ont parcourus, suivie d'une étude spéciale de l'itinéraire le plus probable que suivrait un aérostat partant d'un point convenablement choisi de la côte de Mozambique, montre combien sont grandes les présomptions de réussite de son voyage.

I. — Vents dominants de l'Afrique australe.

Au-dessus de l'Afrique équatoriale, comme d'ailleurs au-dessus de toutes les régions du globe immédiatement voisines de l'équateur, l'action du soleil se faisant sentir d'une façon particulièrement intense produit un échauffement très grand de la surface du sol. La température des couches inférieures de l'atmosphère augmente beaucoup plus que celle des masses d'air plus élevées, et elles montent, créant au-dessous d'elles un vide aussitôt comblé par les colonnes d'air voisines venant de zones plus tempérées. Ainsi se produisent constamment vers l'équateur, ou plutôt vers un anneau d'aspiration parallèle à la Ligne et correspondant à l'équateur thermique, deux courants aériens allant du pôle vers lui. Ces courants constants, déviés par le mouvement de rotation de la terre autour de son axe, soufflent du nord-est dans l'hémisphère boréal et du sud-est dans l'hémisphère austral. L'anneau d'aspiration suivant le déplacement annuel du soleil entre les tropiques, ces courants aériens ou vents alizés se déplacent avec lui, et l'alizé du sud-est, en particulier, remonte vers le nord pendant la saison d'été de l'hémisphère boréal, redescend au sud pendant la saison chaude de l'autre hémisphère.

De plus, à la surface même du sol, ces courants se trouvent déviés par des influences locales, telles que le voisinage de côtes élevées ou leur passage dans les détroits, et se transforment en moussons du sud ou du nord, dérivation ou prolongement des alizés. C'est ainsi que la présence du littoral montagneux du Damara et de l'Angola au sud-ouest de l'Afrique et la conformation de ces dernières terres transforment l'alizé du sud-est en mousson du sud et du sud-ouest, tandis que de l'autre côté de l'Afrique australe l'étroit canal du Mozambique, dans lequel s'engouffrent les alizés du nord-est et du sud-est, redresse la direction de marche de ces vents vers le sud et vers le nord, en prolongeant à certaines époques l'action du premier d'entre eux bien au delà de sa zone d'action normale.

Si la direction générale du souffle des vents alizés se trouve ainsi altérée par des influences locales, ils n'en suivent pas moins leur route normale hors de la zone d'action de ces causes perturbatrices; ainsi la mousson du sud et du sud-ouest, qui règne fréquemment sur les côtes de l'Angola, s'éteint à une faible distance des côtes, et les navires qui s'écartent de la terre d'Afrique, en cinglant vers le large de l'Atlantique, ne tardent pas à retrouver l'alizé du sud-est peu après avoir perdu de vue le littoral[1]. Si les influences perturbatrices du souffle régulier des vents alizés se font sentir horizontalement à une aussi faible distance, il est à présumer que, suivant la verticale, leur action s'étend encore bien moins loin, et, n'eût-on pas, pour faire de cette présomption une certitude, le rapport de maints observateurs que l'étude de la direction suivie par les nuages, celle des pluies de poussières et les constatations faites par eux au cours de leurs ascensions de pics isolés, ont conduits à affirmer l'existence de l'invariabilité de route de l'alizé dans les régions supérieures de l'atmosphère, que l'on pourrait néanmoins espérer qu'un ballon, placé par sa situation élevée au-dessus des dénivellations du sol, naviguerait constamment dans le courant de l'alizé.

A la surface des mers, là où rien ne vient dévier sa route, l'alizé règne en maître, d'une façon invariable et constante, entre les tropiques et la région des calmes équatoriaux, due à la présence de l'anneau d'aspiration. Dans le voisinage et à la surface même des continents il est troublé, quelquefois profondément, dans sa marche

---

[1] *Instructions nautiques du Ministère de la Marine*, 1884 à 1890.

par les inégalités du sol et les foyers secondaires d'aspiration nés
de la nature de ce sol ; mais à une certaine hauteur il reprend sa
régularité parfaite, comme en témoignent les observations multiples
de maints observateurs [1].

La chasse d'air produite dans les régions élevées de l'atmosphère
équatoriale par l'ascension des masses atmosphériques de l'anneau
d'aspiration, le vide causé au-dessus des régions tempérées par
l'appel d'air inférieur vers l'équateur, déterminent un courant supérieur de retour nommé contre-alizé qui, dévié également, mais en
sens inverse. par la rotation du globe, souffle entre 3,000 et 6,000
mètres de hauteur, du sud-ouest dans l'hémisphère boréal et du
nord-ouest dans l'hémisphère austral. Ces courants, ne rencontrant
qu'en des points très rares des chaînes assez élevées pour leur barrer
la route, conservent à ces hauteurs une direction et une force inva-
riables et ne sont plus soumis, comme l'alizé dans le voisinage du
sol, à des perturbations causant des modifications momentanées dans
leur orientation de marche.

D'une façon générale, on peut donc dire qu'un aérostat naviguant au-dessous de 3,000 mètres, à une hauteur supérieure aux
plus fortes dénivellations voisines du sol, serait porté par l'alizé
austral invariablement du sud-est vers le nord-ouest, tandis que le
même aérostat, se maintenant au-dessus de 3,000 mètres de hauteur,
serait entraîné par le contre-alizé austral du nord-ouest vers le sud-
est. Il est dès lors possible de concevoir comment des communications aller et retour par voie aérienne pourraient être établies entre
certaines régions intertropicales, aux époques de l'année où la position de l'anneau d'aspiration place l'une de ces régions sous le vent
alizé et en même temps sur le vent contre-alizé de l'autre.

La preuve de l'existence des alizés et des contre-alizés à la surface
des mers, au-dessus et aussi, en un grand nombre de régions, à la
surface même des continents, n'est plus à faire aujourd'hui ; cependant, puisque la présente étude a pour objet la recherche des conditions météorologiques de la possibilité de traverser par voie aérienne
l'Afrique australe portugaise, il est intéressant de mettre en lumière
les points de cette contrée où les voyageurs ont constaté, à certaines
époques, l'existence de l'alizé à la surface du sol. Cette dernière

____

[1] Voir 2ᵉ partie de l'ouvrage : *Les Aérostats et l'Exploration du continent africain.*

étude détaillée trouvera d'ailleurs son application immédiate dans la détermination des époques de l'année pour lesquelles la position de l'anneau d'aspiration est la plus favorable à la régularité du souffle de l'alizé proprement dit et, partant, à l'exécution plus rapide d'un trajet direct par voie aérienne des côtes du canal de Mozambique à celles de l'océan Atlantique. Si, en certains lieux et à certaines dates, les rapports des explorateurs ou des marins signalent à la surface du sol des vents de direction différente de celle de l'alizé austral, il sera facile de conclure de la configuration de la contrée en ces lieux ou de la position de l'anneau d'aspiration à ces dates pourquoi ces anomalies locales ont été constatées, et comment elles ne sont nullement en contradiction avec les lois générales des déplacements atmosphériques réguliers dont la constance seule peut permettre à des navires aériens non dirigeables de tenter la traversée des grands continents intertropicaux.

D'une façon générale, l'alizé, vent froid, souffle à la surface de l'Afrique australe pendant l'été dont il diminue les chaleurs, ces vents sont infléchis vers les plateaux par les foyers de chaleur secondaires créés par les terres[1]; ainsi, sur la côte occidentale, ils viennent franchement de l'est et du sud-est, tandis que sur le littoral sud ils soufflent souvent du sud et que sur la côte occidentale ils soufflent généralement du sud-ouest.

Dans le canal de Mozambique, à hauteur de la région sud-occidentale de l'île de Madagascar, c'est-à-dire à hauteur de la ville portugaise d'Inhambane, les cartes marines indiquent comme vents dominants pendant presque toute l'année des vents de sud-est et d'est[2].

Dans la baie de Delagoa, au sud d'Inhambane, prédominent, de septembre à mars, de grandes brises de mer de l'est-nord-est avec beaux temps coupés de pluies abondantes (le semestre d'été, septembre-mars, est en effet compris dans la saison des pluies de cette région).

Plus au nord, dans la partie médiane du canal de Mozambique, les vents principaux sont au contraire des vents du sud tournant fréquemment au sud-est, et d'après le lieutenant de vaisseau Brault

---

[1] E. Reclus. *Géographie universelle.*
[2] *Instructions nautiques.*

les vents soufflent presque toujours de là sur la côte même de cette partie du Mozambique.

L'alizé du sud-est, contrarié dans sa marche par la rencontre des parties montagneuses de Madagascar méridionale, se divise donc à la pointe de l'île; il souffle avec sa direction première sur les parties du littoral africain voisines du tropique du Capricorne, il s'infléchit vers le nord dans la partie resserrée du canal de Mozambique, et au contraire, recourbe sa route légèrement vers le sud, au sud d'Inhambane, dévié dans cette direction par la configuration de la côte d'Afrique qui, à hauteur du 25e parallèle est orientée du nord-est au sud-ouest. Le point de cette région le plus favorable au départ d'un aérostat désireux de profiter des vents d'est et de sud-est pour pénétrer dans l'intérieur des terres est donc la partie du littoral portugais comprise entre le cap Corrientes au sud et la baie Mazangzani au nord.

Dans l'intérieur du Mozambique, les navires à fort tirant d'eau, soutenus par le vent d'est, peuvent facilement remonter le bas Zambèze jusqu'au pied du Morambala[1], c'est-à-dire à une distance de 150 kilomètres de la côte, jusqu'au confluent du Zambèze et du Chiré, et le vent normal est celui du sud-est qui amène rarement des pluies[2].

Plus au nord, dans les bassins du Rou-Fidji et du Ouami, la direction moyenne des vents est normale à la côte. Que les alizés du sud-est l'emportent, ce qui a lieu pendant la plus grande partie de l'année ou que les vents du nord-est aient la prépondérance comme en janvier quand le soleil a ramené au sud tout le système atmosphérique, c'est toujours vers le littoral que se pressent les airs[3].

Dans la partie centrale de l'Afrique australe qui sépare la colonie portugaise du Mozambique de l'Angola et du Damara et qui, depuis peu, a été placée sous le protectorat anglais, on trouve des alternances assez nettes, revenant à époques fixes, de saisons des pluies dues aux vents d'ouest et de saisons sèches dues aux vents d'est; les rapports des nombreux voyageurs[4] qui ont exploré ces contrées

[1] E. Reclus. *Géographie universelle.*
[2] Thomas. *Eleven Years in Central South Africa.*
[3] *Handbuch der Klimatologie.*
[4] Liviugstone, Serpa Pinto, Capello et Ivens, Andersson, etc.

sont unanimes à cet égard. Ils signalent les alizés du sud-est, qui sont les vents froids de l'Afrique australe, comme soufflant principalement durant l'été dont ils atténuent les chaleurs.

Pendant la saison d'hiver de l'hémisphère austral, les alizés remontent vers le nord en suivant la marche du soleil, et leur action se fait plus rarement sentir sur les plateaux de l'intérieur.

Sur les bords du lac Ngami, il se produit journellement un phénomène curieux tenant à la faible profondeur du lac et dont Livingstone avait été frappé lors de ses remarquables voyages dans ces contrées : tous les matins, la brise régulière d'est déplace les eaux du Ngami et les pousse vers l'occident[1].

Dans le Damara-Land, les vents du sud et du sud-ouest dominent et on ressent quelques vents du nord-est[2]. Sur la côte, les dunes ont une direction sud-ouest-nord-est et leur pointe ouest moins friable indique l'orientation des vents régnants.

Dans l'Angola, si les alizés se font sentir régulièrement sur le versant oriental des montagnes, on les ressent, par contre, rarement avec leur direction normale sur le versant occidental, car ils sont contrariés dans leur marche par les chaînes de hauteur qui traversent la colonie du sud au nord. Ainsi, dans le nord-ouest de l'Angola, entre les caps Padron et Palmarinhas, les vents du sud-est dominent bien en mai; mais pendant la période où l'alizé souffle avec le plus de régularité dans l'intérieur des terres, c'est-à-dire d'octobre à avril, on ne les ressent plus que fort rarement. En octobre et novembre, ce sont les vents du sud-ouest qui règnent presque exclusivement, et de novembre à février, ces mêmes vents tournent parfois à l'ouest-sud-ouest pour devenir variables en oscillant du sud-ouest au sud-est durant les mois suivants[3]. Dans le voisinage des côtes, les alizés se transforment en effet en moussons du sud-ouest[4]; cependant, en novembre et décembre, on observe dans la partie centrale de l'Angola de petites pluies fines, surtout le matin : alors le vent vient franchement du sud-est avec tendance au sud; en mars et avril les brises du sud-est deviennent irrégulières et amènent des pluies plus abondantes[5]. En mer, les vents alizés

---

[1] Chapman. *Travels into the interior of Africa.*
[2] Andersson. *Ngami-river.*
[3] *Instructions nautiques.*
[4] Ribeiro.
[5] *Instructions nautiques.*

qui se font sentir d'une façon constante à 80 ou 100 milles des côtes sont secs; ils ont déposé leur humidité dans les montagnes ainsi que le prouve le grossissement des rivières aux époques où ils souf-flent, c'est-à-dire d'octobre à avril.

En résumé, près de la côte même de l'Angola, domine la mousson venant en direction moyenne du sud-sud-ouest et produite par la haute barrière des monts, puis une région de calmes de 20 à 25 lieues de largeur la sépare de la pleine mer où règne à nouveau l'alizé du sud-est qui après avoir franchi les montagnes redescend à la surface de l'Océan. On peut donc conclure qu'un aérostat, après avoir traversé le Mozambique et le centre de l'Afrique australe, poussé par l'alizé du sud-est, pourrait arriver jusqu'à la côte même de l'Atlantique, à la condition de se maintenir au-dessus de l'An-gola, à une altitude assez grande pour que les couches d'air en con-tact avec lui n'aient pas eu leur direction changée par les monts. Les montagnes de l'Angola ayant une altitude moyenne de 1000 mè-tres[1], il suffirait aux aéronautes de se maintenir au-dessus de l'Angola occidental, à une hauteur comprise entre 1000 et 1500 mètres pour se trouver dans le domaine de l'alizé du sud-est dont l'existence à cette hauteur au-dessus de ces contrées est prouvée par la direction suivie par les nuages et par ce fait que hors de la zone d'influence perturbatrice des monts, c'est-à-dire à 80 milles en mer, on retrouve son souffle régulier. Avant d'atteindre cette région montagneuse, l'aérostat naviguant au guide-rope se trouverait sans doute constamment dans le courant alizé dont les rapports des voyageurs accusent l'existence d'octobre en avril chaque année à la surface même du sol, de la côte de l'océan Indien aux monts de l'Angola[2].

A titre de confirmation de cette régularité des vents alizés à la surface de l'Afrique australe, il est intéressant de constater que, au

---

[1] D'après Ribeiro (A *Colonisaçao Luso-Africana*).

[2] Le major Serpa Pinto, dans sa belle traversée de l'Afrique australe, de l'occident à l'orient, en suivant un itinéraire peu différent de l'itinéraire probable de l'aérostat, a parcouru l'Angola, de l'Atlantique au royaume de Barotsé, en hiver, à une époque où les alizés se font rarement sentir; aussi, dans ses descriptions de ces régions, est-il sur-tout fait mention de vents du sud-ouest et d'orages venant du nord-nord-est. Du royaume de Barotsé au Limpopo, son voyage s'étant effectué en été, ses notes ne parlent plus de vents provenant de directions excentriques à l'est, et en septembre, dans le royaume de Barotsé, il décrit un incendie dont l'intensité était accrue par le souffle du vent d'est. — Serpa Pinto *Comment j'ai traversé l'Afrique* (le *Tour du Monde*, 1881).

sud comme au nord de la région que parcourrait un ballon allant du Mozambique à l'Angola, règnent également des vents du sud-est pendant le semestre octobre-avril.

Ainsi, au sud de cette région :

Vers la pointe Rahoon les vents dominants sont ceux du sud-sud-est [1].

Sur la côte du Natal le souffle violent des alizés est accompagné parfois de pluies de mer qui ne tombent que dans le voisinage du littoral tandis que les pluies ordinaires sont des averses d'orages [2].

Dans la baie d'Algoa les vents d'est et de sud-est, les plus redoutés des marins, soufflent fréquemment d'octobre à avril [3].

Dans la baie de Simon's les vents de sud est soufflent fréquemment durant la même période, alternant avec des vents venant de directions variables [4].

Dans la baie de la Table et auprès du cap de Bonne-Espérance, les vents qui soufflent le plus fréquemment pendant l'été sont ceux du sud-est, qui, souvent en janvier, février et mars, s'engouffrent avec une grande force dans les gorges qui séparent les montagnes de la Table [5].

Au nord de la région du Zambèze :

Le bassin du Congo se trouve tout entier dans la zone des alizés du sud-est [6].

Dans le Congo méridional soufflent des vents fréquents du sud-est [7].

Sur les plateaux des grands lacs on retrouve aussi des vents fréquents d'est et de sud-est [8].

Ces vents ne sont autres que les alizés méridionaux rappelés vers le nord par le déplacement de l'anneau d'aspiration au moment de la saison d'été de l'hémisphère boréal, à une époque où ces mêmes alizés ne se font plus sentir dans le bassin du Zambèze par suite du trop grand éloignement des centres d'aspiration équatoriaux.

[1] *Instructions nautiques.*
[2] É. Reclus. *Géographie universelle.*
[3] *Instructions nautiques.*
[4] *Instructions nautiques.*
[5] Élisée Reclus. *Géographie universelle.*
[6] Coquilhat, capitaine d'état-major de l'armée belge (*Notes manuscrites*).
[7] Burton. *Voyage aux grands lacs* (1862). — Stanley. *Dans les ténèbres de l'Afrique.* — Wilson and Fenklin. *Uganda and the Egyptian Soudan*, etc.
[8] *Instructions nautiques.*

Quant aux vents plus irréguliers du sud-est que l'on retrouve au sud du tropique du Capricorne, ils sont dus vraisemblablement à des prolongements momentanés des alizés du sud est, sortant de leur domaine habituel et étendant leur action jusqu'aux régions tempérées australes, quand la force de l'appel produit par le soleil à l'équateur devient suffisamment grande, pour se faire sentir à des milliers de kilomètres de distance, ce qui est exceptionnel aussi bien dans cet hémisphère que dans le nôtre.

D'après les observations faites par différents explorateurs [1], la vitesse moyenne des alizés à la surface du sol serait de 12 à 12,5 kilomètres à l'heure. Or, d'après les renseignements fournis par les observatoires de la tour Eiffel, le vent à terre a une vitesse inférieure de 6 mètres par seconde, en moyenne, à celle qu'il possède à une altitude supérieure à 200 mètres. La vitesse moyenne d'un aérostat libre entraîné par l'alizé serait par suite de 32 à 36 kilomètres à l'heure, et celle d'un aérostat naviguant au guide-rope dans les mêmes conditions, et dont par conséquent la marche se trouverait retardée par le frottement de ses câbles à la traîne, serait voisine de 15 kilomètres à l'heure.

II. — Itinéraire de l'aérostat.

D'après ce qui précède, la traversée de l'Afrique australe au moyen d'un aérostat non dirigeable marchant au guide-rope serait possible pendant la saison d'été de l'hémisphère austral (octobre à avril), saison durant laquelle l'anneau d'aspiration équatorial descendu au sud en suivant la marche du soleil, établit un courant régulier du sud-est et de l'est dans la plupart des régions comprises entre les 5e et 30e parallèles et les 5e et 40e méridiens à l'est de Paris.

Comme conséquence de la direction vers laquelle porte l'alizé, le départ devant s'effectuer sur la côte orientale de l'Afrique, la région de cette côte la plus favorable au départ au point de vue de l'orientation générale des vents vers le but à atteindre, paraît être située entre le cap Corrientes au sud et la baie Mazangzani au nord. Sur

---

[1] Stanley, Brault, etc. (Voir à ce sujet, vitesse des alizés : *Les Aérostats et l'Exploration du continent africain*, page 121.)

cette partie du littoral portugais se trouve une ville importante, la ville d'Inhambane, qui semble plus particulièrement devoir être préférée comme point origine du voyage aérien. La baie d'Inhambane, fermée au sud par la colline Barrow et le cap qui la prolonge, à l'est-nord-est et à l'ouest par une ligne concave non interrompue de brisants s'étendant sur une longueur de 8 milles environ, offrirait en effet un abri sûr pour le débarquement du matériel aérostatique. Les ressources que les aéronautes pourraient trouver dans cette ville sont sérieuses : elle possède une population de 4 à 5,000 âmes, formée en grande partie d'indigènes d'un caractère doux et d'un commerce facile; les bestiaux, la volaille, les fruits et les légumes abondent sur son marché; son eau est bonne et enfin, avantage précieux, les paquebots du Cap et d'Aden y touchent toutes les quatre semaines.

L'époque à choisir pour effectuer un premier départ est, au cours de la période la plus favorable au point de vue de la régularité de l'alizé (octobre à avril), la fin du mois de janvier; le mois de février durant lequel s'accomplirait le voyage étant à la fois un des mois où l'alizé est le plus stable sur toute l'étendue de l'Afrique australe et, comme on le verra plus loin, l'un des mois les plus secs de l'été de ces mêmes régions.

Tout ayant été préparé à l'avance pour le gonflement rapide du ballon au moyen d'hydrogène comprimé dans des tubes en acier, on attendrait qu'une période de vents d'est de force moyenne, les plus fréquents dans cette région à cette époque de l'année, s'établît dans des conditions permettant d'espérer plusieurs jours de beau temps, et l'aérostat commencerait son voyage en guide-ropant, se laissant entraîner par les courants dont la direction de souffle le porterait vers l'Angola, et jetant l'ancre quand le vent ne serait pas favorable. Son mode normal de navigation serait la navigation au guide-rope, grâce à laquelle les aéronautes dépenseraient par jour une quantité de lest très faible (inférieure au 60ᵉ de leur approvisionnement total). Pour franchir des escarpements, éventuellement pour éviter un orage, ou dans certaines régions, et en particulier sur le versant occidental des plateaux de l'Angola, la navigation libre pourrait être employée quand la direction de marche des nuages indiquerait une orientation des courants supérieurs plus propice au voyage.

La dépense de lest occasionnée par la navigation libre de l'aéro-stat étant par 24 heures de 1/7 environ du poids total du lest, et la distance à franchir d'Inhambane à la côte portugaise de l'Atlantique en suivant sensiblement la direction sud-est nord-ouest ne dépas-sant pas 2,900 kilomètres, l'aérostat marchant constamment en ascension libre avec la vitesse propre de l'alizé, c'est-à-dire à raison de 640 kilomètres par jour, franchirait cette distance en moins de cinq jours ; autrement dit, il pourrait naviguer constamment en ascension libre, et, sans dépenser tout son lest, traverser ainsi l'Afrique australe porté par l'alizé d'Inhambane au nord-ouest de l'Angola.

Bien que théoriquement le peu de largeur de l'Afrique australe rende sa traversée réalisable en ascension libre au moyen d'un navire aérien semblable à celui grâce auquel, dans notre ouvrage *Les Aérostats et l'Exploration du continent africain*, nous avons mon-tré qu'il serait possible de traverser l'Afrique septentrionale en navi-guant au guide-rope ; le mode de navigation en ascension libre cau-sant de grandes dépenses de lest ne devra être employé que dans un des cas exceptionnels énumérés plus haut ou encore pour éviter des attaques à main armée. D'ailleurs, comme va le faire ressortir l'étude détaillée des contrées que parcourraient successivement les aéronautes partant d'Inhambane, il est à prévoir qu'en effet la navigation au guide-rope, telle qu'elle serait employée par le même aérostat traversant l'Afrique septentrionale, pourrait être utilisée selon toute probabilité pour effectuer la majeure partie de leur voyage vers l'Angola.

En sortant d'Inhambane par vent d'est l'aérostat s'engagera dans le pays de Hlenga, à travers une contrée qui, dans le voisinage de la ville, est parsemée de jardins, mais plus loin demeure presque inhabitée car la mouche tsétsé y abonde.

Après avoir franchi la rivière Luiz, l'aérostat entrera dans le domaine de l'alizé du sud-est, variant à l'est comme semblent l'indi-quer les rapports des explorateurs, et porté par lui se dirigera con-stamment vers le nord-ouest avec tendance à l'ouest pendant tout le reste de son voyage.

Avant d'atteindre la frontière du pays de Gaza qui sépare les ter-ritoires portugais du royaume de Matebelle, le ballon marchant au guide-rope commencera de s'élever sur les pentes douces des plateaux de l'intérieur, pentes semées de cultures et de bois.

Il franchira la frontière portugaise au commencement de sa 2e journée de voyage, à quelques lieues au nord de la boucle la plus septentrionale du Limpopo.

Le royaume de Matebelle qu'il traversera, en partie pendant cette 2e journée et ensuite durant la première moitié de la 3e journée, est abondant en forêts et assez peuplé.

Le 3e jour il rencontrera la chaîne de montagnes connue sous les noms de monts du Matoppo et du Machona; toujours au guide-rope il la franchira sans grande dépense de lest, sa hauteur moyenne étant d'un millier de mètres. La perte de lest de l'aérostat après ce franchissement peut être évaluée à 1/10 environ du poids total de lest emporté [1].

De l'autre côté de ces monts et jusqu'au delà du Zambèze, l'aérostat devra sans doute naviguer en ascension libre à une altitude voisine de 1000 mètres s'il veut demeurer dans le lit de l'alizé, le barrage formé par cette chaîne devant éteindre ses effets au niveau du sol dans le voisinage des monts.

Naviguant en ascension libre, mode de navigation plus rapide que la navigation au guide-rope, il traversera le Zambèze dans le voisinage des célèbres chutes Victoria avant la fin de sa troisième journée de marche et, au-dessus du Barotsé, pourra sans doute reprendre la marche au guide-rope, ayant dépensé à ce moment $1/10 + 1/7 = 17/70$, soit environ le quart de son lest total.

Le royaume de Barotsé, qu'il parcourra avant d'atteindre la frontière de la colonie portugaise de l'Angola dans le courant du 4e jour, est extrêmement fertile et souvent recouvert dans sa partie méridionale, au-dessus de laquelle passeront les aéronautes, par les inondations du Zambèze et de ses affluents.

En entrant sur les territoires portugais, le ballon trempera une seconde fois ses guide-rope dans les eaux du Zambèze, puis il traversera les contrées marécageuses du Bajouma et du Lobalé, vastes steppes herbeuses, souvent inondées [2]. Naviguant au guide-rope, il

---

[1] Voir l'appendice II de l'ouvrage: *Les Aérostats et l'Exploration du continent africain*.

[2] Capello et Ivens. *De Benguella as Terras de Jacca*.

mettra près de deux jours à en effectuer le parcours, et à la fin du sixième jour de son voyage, il atteindra les premières assises des chaînes angoliennes parallèles à l'Atlantique.

Dans le voisinage de ces chaînes, il rencontrera vraisemblablement des vents irréguliers, venant d'orientations peu différentes du sud et produits par le heurt de l'alizé contre la barrière des monts; aussi devra-t-il reprendre sa marche en ascension libre jusqu'à son atterrissage final, c'est-à-dire jusqu'à ce qu'il ait atteint l'un des établissements portugais voisins de la côte à la fin de sa septième et dernière journée de voyage. Le franchissement de ces monts portés sur la carte de Schrader sous la dénomination de monts Oulonda et d'une altitude variant entre 1000 et 1600 mètres [1] s'effectuera sans dépense appréciable de lest à cette époque du voyage où le ballon, délesté par les ascensions précédentes et les pertes quotidiennes, pourra monter, sans perdre de gaz, jusqu'à 1800 ou 2,000 mètres de hauteur [2].

Naviguant toujours en ascension libre à une altitude suffisante pour se maintenir dans le courant supérieur, celui de l'alizé non dévié de sa route, l'aérostat atteindra vraisemblement le littoral de l'Atlantique dans les environs de Saint-Paul-de-Loanda et quand les aéronautes approcheront de la côte, ils pourront facilement, en se rapprochant du sol, utiliser par instant les courants inférieurs du sud et du sud-ouest de façon à atterrir à proximité de Saint-Paul-de-Loanda ou de l'un des nombreux comptoirs portugais situés plus au nord entre cette ville et la frontière de l'État indépendant du Congo.

Au moment de cet atterrissage, il est à présumer que le lest dépensé sera égal à 1/4 + 2/60 + 1/7, soit environ 2/5, du lest total; autrement dit, le ballon, sans être regonflé, pourrait normalement exécuter deux fois et demie le même voyage de traversée de l'Afrique australe.

---

[1] *Manuel Ferreira Ribeiro (A Colonisaçao Luso-Africana)*. — H. Capello et R. Ivens (*De Angola a Contra-costa*). — Cameron, Magyar, Serpa-Pinto, Silva-Porto, etc.

[2] Appendice H, déjà cité.

III. — Troubles atmosphériques.

Les météorologistes ont constaté que les tempêtes des régions équatoriales se produisent surtout à l'époque du renversement des alizés [1], c'est-à-dire dans le voisinage des équinoxes. La traversée de l'Afrique australe par voie aérienne devant s'effectuer au commencement de février, il y aurait donc peu de probabilités pour que l'aérostat fût saisi par un cyclone. Le commencement de février est d'ailleurs une époque peu fertile en perturbations atmosphériques, comme le prouve le tableau suivant, du nombre d'heures par mois durant lesquelles ont sévi des orages et tempêtes dans le bassin du Congo, tableau dressé par Stanley [2] :

ANNÉES.	Janvier.	Février.	Mars.	Avril.	Septembre.	Octobre.	Novembre.	Décembre.
	h. m.	h. m.	h. m.	h. m.	h. m.	h. m.	h. m.	h. m.
1880.........	»	»	»	»	2 00	4 00	5 00	6 00
1881.........	0 00	0 00	0 30	0 00	8 00	2 00	0 00	5 00
1882.........	0 00	7 30	8 00	19 00	»	»	»	»
Moyennes....	0 00	3 45	4 15	9 30	5 00	3 00	2 30	5 30

D'autre part, la région de l'Afrique méridionale à traverser en ballon semble particulièrement à l'abri des cyclones, car les ouragans de l'océan Indien, qui font quelquefois de si grands ravages dans les parages de l'île Maurice, semblent être arrêtés par Madagascar avant d'atteindre le canal de Mozambique [3].

Par contre, quelques averses pourraient assaillir l'aérostat pendant son voyage, car, parmi les régions traversées, un certain nombre ont un mois de février assez pluvieux, mais le poids du guide-rope est calculé de façon que la pluie n'occasionne aucune dépense de lest, et la disposition du ballon est telle, que les aéronautes n'auraient pas à en souffrir [4]; d'ailleurs, il leur sera toujours possible, en naviguant momentanément en ascension libre,

---

[1] E. Reclus. *La Terre*, tome II : « L'Atmosphère ».
[2] Stanley. *Cinq années au Congo*.
[3] *Instructions nautiques*.
[4] Voir *Les Aérostats et l'Exploration du continent africain*, pages 19, 20, 21.

d'éviter les averses trop abondantes, les cyclones, les orages, et, en général, toutes les manifestations nuisibles des troubles atmosphériques [1].

D'après les rapports des explorateurs, il est possible de se rendre compte quelles probabilités auraient les aéronautes de voyager par beau temps au-dessus des diverses régions qu'ils parcourraient.

Dans la partie méridionale de la colonie portugaise du Mozambique, le vent normal est celui du sud-est, pendant lequel on a rarement des pluies [2]; au mois de décembre, les orages sont fréquents, surtout à midi, mais les autres mois d'été en sont à peu près dépourvus. L'aérostat partant par beau temps et vent d'est fixe, on peut donc être assuré que, tout au moins, la première partie de sa route s'effectuerait sans pluie.

Dans toute la partie de l'Afrique centrale comprise dans le bassin du Zambèze, on trouve des alternances nettes de saisons des pluies dues aux vents d'ouest et de saisons sèches dues aux vents d'est; d'autre part, Livingstone [3] nous apprend que des crues et des inondations se produisent au commencement de janvier, puis à la fin de mars et en avril dans le haut Zambèze; il faut en conclure que les mois de décembre, de mars et d'avril correspondent à des saisons pluvieuses d'été qui encadrent le mois de février, plus sec et mieux pourvu en vent d'est dans ces régions. Sur le Nyassa, les pluies sont abondantes, surtout de décembre à avril; mais, plus bas, elles diminuent graduellement : ainsi, à Tète, la hauteur mensuelle pluviale est seulement de 0^m,85 [4]. Dans la partie anglaise du bassin du Zambèze, l'aérostat aurait donc peut-être à subir quelques averses, mais peu abondantes et peu fréquentes à l'époque choisie pour le voyage.

Par contre, en approchant des montagnes de l'Angola, les aéronautes se trouveraient, au mois de février, dans une saison relativement pluvieuse, car, sur les plateaux où prennent leur source le Kouango, la Cuanza, le Zambèze et ses affluents supérieurs, les apports d'humidité étant fournis surtout par l'océan Indien, c'est en été, lors de la prédominance de l'alizé, que ces plateaux reçoivent

---

[1] Voir *Les Aérostats et l'Exploration du continent africain*, 3ᵉ partie, chapitre Iᵉʳ, paragraphe 3.

[2] Thomas. *Eleven Years in Central South Africa*.

[3] *Explorations dans l'Afrique australe* et *Explorations du Zambèze*.

[4] Élisée Reclus. *Géographie universelle* (*L'Afrique méridionale*).

leurs trop rares pluies [1]. Néanmoins, on voit que les pluies pro-
duites par l'arrêt des alizés, dû à la barrière des monts, sont très
rares, si rares même, que, sur les hauts plateaux de l'Angola, le
manque de pluie a maintes fois eu des disettes et des famines pour
conséquences [2], et l'on est en droit de croire que le ballon se trouverait encore favorisé par le beau temps durant sa traversée de cette
contrée.

C'est sur les plateaux de l'intérieur seulement que l'on trouve un
air sec et salubre durant la saison des pluies [3], circonstance qui mi-
lite encore en faveur de la traversée de l'Angola occidental en
ascension libre ; car, grâce à l'altitude élevée du ballon, les aéronautes éviteront les fièvres et les dysenteries violentes, que ramènent
annuellement les averses.

Dans la partie de l'Angola comprise entre les plateaux et l'Atlantique, de mai à septembre, les couches aériennes sont fréquemment
presque saturées, les brouillards du Cacimbo cachent alors les ho-
rizons lointains. Pourtant, les pluies sont relativement rares dans
les terres basses [4], les averses sévissent surtout sur les pentes des
monts d'octobre en janvier et en avril et mai, période de grandes
pluies, nommée carneirado. Quelquefois, à ces époques, on voit des
sortes d'orages se former et quelques éclairs sillonner l'horizon,
mais il est rare que ces orages éclatent [5].

En février, l'aérostat se trouverait donc, dans cette dernière contrée aussi, entre deux saisons de pluies, et il est à présumer que son
voyage, commencé au cours d'une période de beau temps, choisie
telle pour le départ, s'accomplirait tout entier dans d'excellentes
conditions météorologiques, vu l'époque qui, si elle n'est pas aussi
favorable que l'époque d'hiver, pour certaines contrées traversées,
n'en présente pas moins cette particularité d'être, au cours de la
saison pluvieuse, le moment d'une sorte de trêve des éléments.

Il est dans l'alternance des saisons sèches et humides à la surface
de l'Afrique australe et de l'Afrique boréale, une différence mar-

[1] Elisée Reclus. *Géographie universelle.*
[2] J. Chavanne. *Petermann's Mittheilungen.*
[3] *Instructions nautiques.*
[4] G. Gomes Coelho ; Ribeiro.
[5] *Instructions nautiques.*

quée : alors qu'au nord de l'équateur, la saison sèche commence invariablement en Afrique avec la venue de l'alizé du nord-est, par contre, pour certaines régions de l'Afrique australe : le Mozambique, les hauts plateaux de l'Angola et des Grands-Lacs, la venue de l'alizé méridional entraîne avec elle la chute de pluies plus ou moins abondantes et plus ou moins fréquentes, tandis que, pour certaines autres, telles que les plateaux intérieurs situés au nord de la colonie du Cap, la période de plus grande sécheresse a lieu pendant l'été. Cette différence entre l'influence des alizés sur les régimes pluviaux des deux moitiés du continent noir est facile à expliquer : les alizés du nord-est qui soufflent en hiver dans le nord de l'Afrique viennent de contrées continentales beaucoup plus froides, surtout en cette saison ; ils se réchauffent au contact des terres intertropicales, et les rares vapeurs qu'ils ont pu entraîner dans leur passage au-dessus de l'Asie se dissolvent dans leur sein, sans jamais se résoudre en pluies, tandis que les alizés du sud-est, abordant l'Afrique australe aux mêmes époques, c'est-à-dire pendant l'été de cet hémisphère, après avoir parcouru, par les mois les plus chauds, l'immense surface des océans Pacifique et Indien, sont saturés d'humidité et, bien que, par leur contact avec le sol des tropiques, leur température s'élève, tout obstacle à leur marche, c'est-à-dire toute chaîne de montagnes rencontrée par eux, détermine la condensation de leurs vapeurs en suspension ; aussi, alors qu'ils versent peu de pluies à la surface des plaines et plateaux intérieurs, ils en produisent quelques-unes en abordant les pentes du Mozambique, les plateaux de l'Angola et surtout le plateau des Grands-Lacs, très élevé et très voisin de la mer.

CONCLUSION.

On vient de voir que les régions de l'Afrique australe comprises entre les 5e et 25e parallèles remplissent les trois conditions exigées d'une contrée pour pouvoir être traversée par un aérostat de 14 mètres de rayon employant la méthode de navigation et ayant la constitution définie dans la première partie de notre ouvrage : *Les Aérostats et l'Exploration du continent africain*, que nous prions le lecteur de consulter pour les points de détail concernant les conditions de marche du navire aérien et les manœuvres aérostatiques à exécuter au cours du voyage. Nous avons dû, en effet, nous borner ici à citer les plus importants des résultats acquis au cours de cet ouvrage, sans entrer à nouveau dans des descriptions déjà données sous une forme explicative plus étendue, la présente étude n'étant, à proprement parler, qu'une annexe de cet ouvrage, destiné à montrer que l'Afrique australe peut être, elle aussi, et comme l'Afrique boréale, traversée en ballon avec de nombreuses chances de succès.

Le voyage d'un aérostat long courrier non dirigeable allant d'Inhambane à la côte océanique de l'Angola pourrait donc s'effectuer en moins de 5 jours si l'aérostat naviguait en ascension libre, et en 7 jours si les aéronautes adoptaient le mode de navigation mixte indiqué précédemment, mode de navigation préférable au point de vue de l'économie du lest et, par suite, augmentant dans une forte proportion les chances de réussite de l'expédition. Or un navire à vapeur effectuant le même trajet par la route maritime la plus courte, celle du cap de Bonne-Espérance, mettrait, pour atteindre Saint-Paul de Loanda, un minimum théorique de 9 à 10 jours, sans compter les escales possibles et en admettant que les redoutables tempêtes du cap ne forcent pas le steamer à s'arrêter ou à fuir devant le temps. En réalité, la traversée par mer d'Inhambane à Saint-Paul de Loanda exige une quinzaine de jours en moyenne ; la même traversée exécutée par voie aérienne serait donc notablement plus rapide et, à ce titre, pourrait offrir dans certaines circonstances, en temps de guerre par exemple, des avantages précieux aux deux colonies portugaises du Mozambique et de l'Angola pour communiquer entre elles au moyen d'aérostats qui iraient du Mozambique à l'Angola en se laissant porter par les vents alizés, c'est-à-dire en se maintenant au-dessous de 3,000 mètres de hauteur et qui utiliseraient, pour le retour de la côte Atlantique à celle de l'océan Indien, le courant inverse du contre-alizé dont le souffle régulier se fait sentir aux altitudes supérieures.

Il y a là une application de l'aérostation analogue à celle qui permettrait d'établir des communications par voie aérienne entre la France et la Russie en se servant des vents régnants d'Europe ; mais un voyage fondé sur l'utilisation des alizés et des contre-alizés présenterait des garanties de succès beaucoup plus nombreuses par suite de la grande fixité de ces vents.

En temps de paix, la traversée de l'Afrique australe par voie aérienne pourrait fournir au Portugal, comme la traversée de l'Afrique septentrionale peut le fournir à la France, un procédé rapide et puissant d'exploration de territoires peu connus et un moyen efficace d'assurer sa domination dans les parties de son immense empire africain encore seulement de nom soumises à son autorité ; aussi devons-nous souhaiter, autant dans l'intérêt de la science que dans celui d'un peuple ami, voir prochainement de hardis explorateurs lusitaniens chercher, par le chemin si commode des airs, à faire bénéficier aussi leur patrie d'un mode d'exploration peu coûteux et rendu facile par le faible éloignement des deux côtes du Mozambique et de l'Angola. Leur distance, inférieure de plus de moitié à celle qui sépare les rivages orientaux de l'Afrique septentrionale de ses rivages occidentaux désigne, en effet, les régions australes du continent noir parcourues par des vents réguliers comme les contrées à préférer pour exécuter en grand une expérience de voyage aérostatique au long cours avant d'entreprendre les traversées beaucoup plus longues dont l'objet serait l'exploration de l'Afrique française.

Tableau de renseignements sur le régime des vents dans l'Afrique australe (pendant la saison d'été).

CONTRÉES.	VENTS.	SOURCES DE RENSEIGNEMENTS.
Bassin du Congo	Vents généraux du S.-E.	E. Reclus, *Géographie universelle.*
Angola septentrional.	Vents du Sud, du S.-W. et du S.-E.	Instructions nautiques (Ministère de la marine).
Congo méridional	Vents fréquents du S.-E.	Coquilhat (Notes manuscrites).
Plateau des Grands-Lacs	Vents fréquents d'Est et de S.-E.	Burton, *Voyage aux Grands-Lacs* (1882). Wilson and Fenhlin, *Ugandu and the Egyptian Sudan.* Stanley, *Dans les ténèbres de l'Afrique.*
Bassin du Rou-Fidji	Vents dominants d'Est et de S.-E.	*Handbuch der Klimatologie.*
Atlantique (à 80 milles des côtes de l'Angola)	Vents constants du S.-E.	Instructions nautiques.
Côtes de l'Angola	Vents du Sud, du S.-W et du S.-E.	Instructions nautiques.
Royaumes de Matebello et de Barotsé	Vents fréquents d'E.-S.-E et de S.-E.	Serpa-Pinto, Capello et Ivens, etc. E. Reclus, *Géographie universelle.*
Lac Ngami	Vents dominants d'Est et de S.-E.	Chapman, *Travels in to the interior of Africa.* Livingstone, etc.
Damara-Land.	Vents dominants du Sud et du S.-W., et vents du S.-E.	Andersson, *Ngami-river.* Indications dues à l'orientation des dunes.
Canal de Mozambique (partie septentrionale)	Vents dominants du Sud	Cartes marines.
Côtes de Mozambique (Ma-Koua).	Vents fréquents d'Est	Brault, lieutenant de vaisseau.
Moyen Zambèze (Inhangoma).	Vents dominants d'Est et de S.-E.	E. Reclus, *Géographie universelle.* Thomas, *Eleven Years in Central South Africa.*
Canal de Mozambique (partie médiane)	Vents dominants de Sud et de S.-E.	Cartes marines.
Canal de Mozambique (partie méridionale)	Vents dominants du S.-E et d'Est.	Instructions nautiques.
Baie Delagoa.	Vents fréquents d'E.-N.-E.	Instructions nautiques.
Natal et plateaux intérieurs	Vents fréquents de S.-E.	E. Reclus, *Géographie universelle.*
Colonie du Cap.	Vents fréquents d'Est, de S.-E. et de S.-S.-E.	Instructions nautiques.

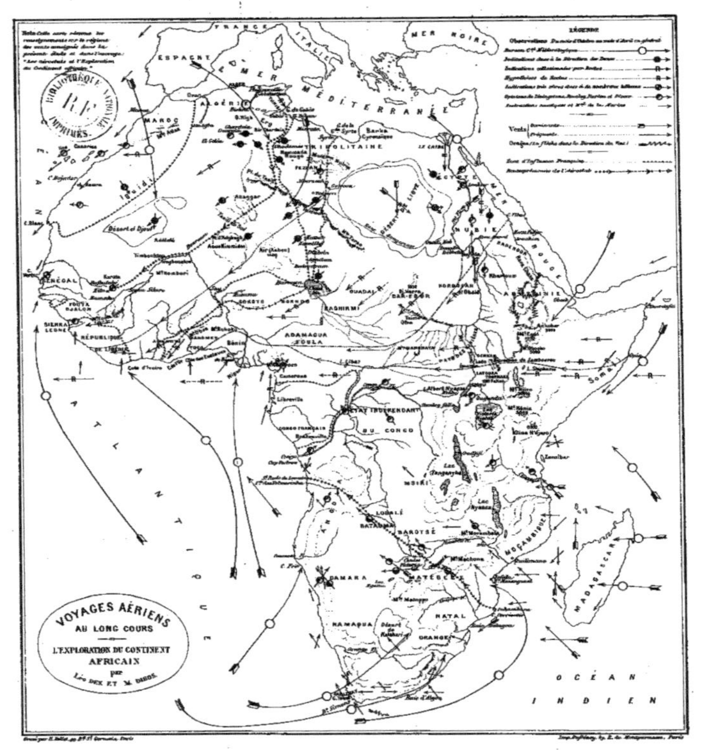

VOYAGES AÉRIENS
AU LONG COURS
L'EXPLORATION DU CONTINENT
AFRICAIN
par
Léo DEX ET M. DIBOS
LÉGENDE
Vents
OCÉAN ATLANTIQUE
OCÉAN INDIEN
MER MÉDITERRANÉE
MER NOIRE
MER ROUGE
FRANCE
ITALIE
ESPAGNE
MAROC
ALGÉRIE
TRIPOLITAINE
ÉGYPTE
NUBIE
SÉNÉGAL
SIERRA LEONE
FOUTA DJALON
RÉPUBLIQUE
ADAMAGUA FOULA
BAGHIRMI
BORNOU
GUADAI
DAR-FOUR
ABYSSINIE
SOMALI
ÉTAT INDÉPENDANT DU CONGO
CONGO FRANÇAIS
MSIRI
BAROTSÉ
DAMARA
NAMAQUA
NATAL
ORANGE
MOZAMBIQUE
MADAGASCAR
Lac Tanganyka
Lac Nyassa
LE CAIRE
Libreville
Zanzibar
Désert du Kalahari

PARIS. — IMPRIMERIE L. BAUDOIN, 2, RUE CHRISTINE.